NOTICE BIOGRAPHIQUE

DE

L'ABBÉ M.-EUGÈNE PAULIAN

PREMIER VICAIRE A SAINTE-MARIE DES BATIGNOLLES

CHANOINE HONORAIRE DE QUIMPER

> Heureux l'homme qui demeure appliqué à la sagesse; qui s'exerce à pratiquer la justice et qui est toujours pénétré de la présence de Dieu.
>
> *(Ecclésiastique, XIV, 22.)*

PARIS

IMPRIMERIE GUSTAVE PICQUOIN

53, RUE DE LILLE, 53

NOTICE BIOGRAPHIQUE

DE

L'ABBÉ M.-EUGÈNE PAULIAN

PREMIER VICAIRE A SAINTE-MARIE DES BATIGNOLLES

CHANOINE HONORAIRE DE QUIMPER

> Heureux l'homme qui demeure appliqué à la sagesse; qui s'exerce à pratiquer la justice et qui est toujours pénétré de la présence de Dieu.
>
> (*Ecclésiastique*, XIV, 22.)

PARIS

IMPRIMERIE GUSTAVE PICQUOIN

53, RUE DE LILLE, 53

L'ABBÉ MARIE-EUGÈNE PAULIAN

La biographie des âmes d'élite s'ouvre presque toujours par l'éloge d'une famille fortement chrétienne ; c'est l'accomplissement de cette parole divine : « Heureux l'homme qui craint le Seigneur, sa postérité sera bénie. » (Ps. xci, 1.) Cette loi de bénédiction s'est réalisée pour la pieuse famille à qui fut donné Marie-Eugène Paulian.

Ancien général et député à l'Assemblée législative, son grand-père avait mérité l'honneur de la prison pendant la Révolution ; son père, inspecteur des eaux et forêts, originaire de Provence, était une nature droite, désintéressée, modèle de loyauté et d'honneur ; sa mère descendait d'une ancienne famille d'Alsace où les traditions de foi et de charité se transmettaient fidèlement d'âge en âge.

Déjà un de ses grands-oncles s'était voué au service de Dieu dans la Compagnie de Jésus. Membre distingué de cette illustre société, il s'est fait surtout connaître par des études sur la physique, un « *Dictionnaire de Théologie* » et par son

« *Système de la nature* », ouvrage écrit en réfutation des erreurs du xviii⁰ siècle.

Eugène qui devait être le digne héritier des traditions et des vertus de sa famille, naquit à Ferrette, petite ville d'Alsace, le 4 septembre 1837.

Dès sa première enfance il reçut de ses parents ces enseignements chrétiens dont l'influence est si décisive pour tout le reste de la vie. Bientôt, écolier studieux, il se fait remarquer par sa régularité et sa tendre piété : c'est la solide préparation qu'il apporte à sa première communion. Ce grand acte, qu'il accomplit le 22 juillet 1849, à Sarrebourg, sera comme le point de départ d'une vie qui désormais semble n'avoir plus que Dieu pour objet. Aussi le souvenir du grand jour restera profondément gravé dans son âme. Il aimera à le réveiller dans son cœur et sera pendant son séminaire l'un de ses principaux sujets d'actions de grâces.

Vers 1850, ses parents, fixés à Paris, le firent entrer au lycée Henri IV. Est-ce là que l'appel de Dieu se fit entendre ? Peut-être. Toujours est-il que son bonheur, aux jours de sortie, était d'aller, avec sa petite sœur, visiter et prier Dieu dans les églises de la capitale, et que plus tard, devenu prêtre, il attribuait en partie sa vocation à ces pieux pèlerinages. Les desseins de Dieu sur lui se manifestaient de plus en plus, et bientôt connaissant sa voie, Eugène Paulian entre au petit séminaire de Notre-Dame des Champs. Dès son entrée dans la maison, il se fait remarquer par son application au travail et sa vive piété. Aussi prit-il rang bientôt parmi les meilleurs élèves. D'une nature un peu timide, on lui reprocha parfois sa trop grande réserve surtout en récréation où ses supérieurs auraient aimé le voir aussi ardent au jeu qu'il l'était à l'étude. Cependant, il y avait dans ses manières et dans toute sa personne tant de modestie, de charité et de distinction, qu'il conquit facilement avec les sympathies de ses maîtres l'affectueuse estime de ses condisciples. C'est au collège qu'il contracta ces habitudes d'ordre et de méthode qui ont fait de lui un prêtre si exact et si réglé en toutes choses. Ses cahiers de rédaction sont des modèles du genre. Tout y est rédigé d'une écriture fine, serrée, avec un soin et une netteté admirables. Chaque page est marquée du chiffre de Marie surmonté d'une croix, pieuse habitude qu'il conservera toute sa vie pour tous ses écrits.

Jeune humaniste, il se consacre au Sacré-Cœur de Jésus, se place sous la garde maternelle de la très sainte Vierge et prend le puissant saint Joseph comme protecteur spécial. Toute sa vie il demeurera le serviteur dévoué, l'apôtre zélé de Jésus et de Marie, et ne négligera aucune occasion pour étendre leur culte. Eugène fut, en effet, toujours fidèle à lui-même et à son Dieu : le jeune homme nous montre déjà tout ce que sera le prêtre, pieux, zélé, grave et réservé. La constance, le caractère des âmes vertueuses, fut bien une de ses qualités distinctives ; aussi fidèle à ses entreprises qu'à ses souvenirs, nous le verrons avancer, perfectionnant et ne quittant jamais une pratique ou une œuvre qu'il a une fois comprise et commencée pour la gloire du Maître.

Après avoir terminé avec succès ses études, il entrait, au mois d'octobre 1858, au séminaire de Saint-Sulpice à Issy. Pour la première fois, cette année, les élèves de Notre-Dame des Champs pouvaient bénéficier d'un privilège qui leur permettait de ne faire qu'un an de philosophie. Pour un esprit moins sérieux, c'eût été là une tentation bien naturelle de ne demeurer qu'un an à Issy : mais le nouvel élu du sanctuaire avait trop l'estime et le respect de sa vocation pour vouloir abréger le sacrifice au risque de n'être pas ce que Dieu désirerait de lui. Il déclara donc, avec un de ses condisciples aujourd'hui religieux, qu'il tenait à passer deux ans à Issy.

Que dire de saillant sur la vie, grande devant Dieu, mais bien effacée aux yeux des hommes, que mènent au séminaire les jeunes gens qui se donnent à l'Église ? Vie d'efforts intimes pour répondre aux appels de Dieu et au travail de la grâce, élan vers un idéal qui n'est autre que la sainteté, tel est le programme qu'embrassa généreusement Eugène Paulian ; il ne voulait pas seulement devenir un prêtre fervent, mais un saint, et comprenant que l'exemple parfait de toute sainteté ne se trouve que dans le Sauveur, il ouvrait son cahier de retraite par ce titre : « *Omnia per Christum, cum Christo, et in Christo*. Tout par la grâce de Jésus-Christ, avec l'exemple de Jésus-Christ, et dans les intentions de Jésus-Christ. » Et au-dessus nous lisons encore : « *Auspice Maria*. » C'est par la main de Marie qu'il s'offrait à Jésus pour se donner sans réserve : « Ma résolution principale est de ne rien faire qu'en Jésus-Christ, et de renoncer entièrement à moi-même. Aussi, avant de connaître le règlement général de la maison, je me soumets à tout ce qu'on exigera de moi ; je verrai partout, dans les avis de mes maîtres, de mon directeur, la volonté de mon maître Jésus. » Et il concluait : « *Ad maximam Dei gloriam*. » Pour la plus grande gloire possible du maître !

Vers la fin de sa première année Eugène était appelé à recevoir la tonsure et sa régularité exemplaire le faisait en même temps choisir comme réglementaire de la communauté.

Ce n'est pas sans une crainte religieuse qu'il se voyait honoré.

Se jugeant déjà « indigne d'être le serviteur des serviteurs de Dieu dans les fonctions de sacristain de la petite chapelle de Saint-François d'Assise », il ne trouvait plus d'autre attitude à prendre en face des avances du Maître qu'un abandon à la fois humilié, triomphant et résigné : « Vous seul, mon doux Jésus, ne vous rebutez pas de soigner un incurable, mon Dieu, vous êtes tout-puissant, vous brûlez d'amour, agissez, je vous en supplie, en moi ; après avoir converti Madeleine pénitente, convertissez-moi, que dès aujourd'hui je me tienne sans cesse à vos pieds, que je ne vive plus que de vous, que ma seule pensée soit de vous demander l'amour divin. »

Après avoir fait ce premier pas, il se considéra de plus en plus comme étranger au monde. Ne s'appartenant plus à lui-même, il repassait toutes les résolutions prises dès les premiers jours, il les écrivait de nouveau et avec plus de détails, accentuant cette grande idée de la nécessité de devenir un saint, « offrant toutes ses œuvres par le cœur de Jésus-Christ et de sa sainte Mère, en union à tout le bien et en opposition avec tout le mal présent, passé et futur, pensant que, par une sainte conformité à la volonté de Dieu il pouvait mériter et glorifier Dieu infiniment. » « Plutôt mourir que de commettre volontairement une seule faute vénielle. » Ainsi son amour pour le Dieu qui l'élevait de terre le portait à embrasser les dispositions les plus parfaites, afin de rester le moins possible au-dessous des appels divins. S'examiner sept fois par jour, suivre les exemples de Calixte Frèze, ce jeune élu dont les saintes dispositions sont proposées à l'imitation de tous les séminaristes fervents, ne lui semblait pas trop pour réaliser sa devise de cléricature : « *Paratum cor meum... aut amare, aut mori.* Mon cœur est prêt... aimer ou mourir. »

Sa vie durant cette première année de séminaire est une lutte sans relâche contre les inclinations de la nature. Il s'accuse sans cesse de les sentir encore, comme si les penchants instinctifs vers le bien-être, les distractions agréables et tout ce qui n'est pas Dieu, étaient en eux-mêmes des fautes qu'on puisse reprocher à l'homme quand il y résiste. C'est que déjà son amour pour Dieu lui fait détester sincèrement tout ce qui ne monte pas vers le ciel, et que considérant les imperfections de la nature comme un châtiment d'en haut, il se frappe la poitrine aux moindres manquements, au lieu de rejeter comme on le fait trop fréquemment sur la nature ce qui, de fait, n'est souvent en elle que parce qu'on l'y a laissé croître. Cette lutte n'a pas de ralentissement durant tout son séminaire : la voie du juste, dit l'Écriture, est comme la lumière qui grandit et s'élève sans cesse jusqu'au jour parfait. Ainsi en est-il de ces cinq années qu'Eugène Paulian passa successivement à Issy et à Saint-Sulpice. « Le sacerdoce, c'est l'immolation d'un homme ajoutée à celle d'un Dieu. » Tel est le programme qu'il réalise ou tend à réaliser sans cesse. Marchant continuellement dans une voie plus parfaite, l'attention qu'il porte à plaire à Dieu lui montrait sans cesse la perfection de ce divin objet, et le portait à se considérer, selon la parole du Maître, comme un « serviteur inutile. »

Il voudrait « en récréation se tenir aux pieds de ses confrères, se regardant comme le dernier d'entre eux, cherchant à se réjouir des petites humiliations, des petits chagrins qui pourraient lui arriver, les acceptant comme des expiations de ses péchés, avoir sans cesse présent le souvenir de ses fautes et de son indignité. » « Seigneur, écrit-il, mes pieux frères vous aiment, ne voient que vous, volent dans la voie de la vertu et du travail, songeant à se rendre dignes de travailler à votre gloire, et soutenus par l'espérance de posséder bientôt l'accomplissement de vos promesses ; moi seul, mon Dieu, je trouve pénibles ces exercices, les faisant aussi mal les uns que les autres. Je sens ce qui me manque, c'est cette foi vive qui fait vos vrais serviteurs, c'est elle qui les anime dans les sacrifices qu'ils ont faits pour vous, c'est elle qui les porte à ne chercher que votre gloire en tout. » C'est ainsi que jugeant les autres mieux que lui-même, il aimait à voir en eux ce qu'il désirait si ardemment, vérifiant ainsi cette parole du Père Faber : « Il faut avoir traversé bien étourdiment la vie pour ne s'être pas aperçu qu'un homme est à peu près dans son fond ce qu'il pense des autres. »

Homme de foi et de sacrifice, il ne travaillait que par amour de Dieu ; les douceurs de la grâce et le bonheur de servir Dieu, qui sont parfois si sensibles chez les âmes qui se sont livrées à l'Esprit-Saint, lui étaient chose presque inconnue ; son tempérament enclin à la mélancolie lui rendait difficile l'oraison et les autres exercices de piété. Loin de le décourager, ces difficultés le poussaient à désirer Dieu avec plus de ferveur ; il se résignait à cet état de souffrance morale, et n'en cherchant les causes qu'en lui-même, il s'en faisait une occasion de plus de mérite et d'humilité. « Par mes folles tristesses, je mets de grands obstacles à votre action sur moi, ô Jésus, vous parlez et je ne vous entends pas : c'est que mon cœur est trop endurci, il serait temps de le réveiller, et si vous ne venez à mon secours, je ne le puis: si j'étais tout à vous, comme je serais heureux de n'avoir qu'à m'occuper de vous, qu'à penser à vous ! » Aussi le Dieu qui résiste aux superbes, mais donne sa grâce aux humbles se plaisait à élever toujours son humble serviteur et tandis que le sentiment de son indignité revient sans cesse sous sa plume, avec cette douleur de ne pas profiter des grâces du séminaire, tous ses condisciples s'accordent à dire qu'il fut un de leurs modèles.

Sous des dehors un peu froids, ses intimes amis sentaient battre un cœur d'apôtre qui n'aura jamais qu'un regret : celui de ne pouvoir faire assez de bien. Constamment nous le verrons appliqué à accroître en lui cette pureté d'intention, cette discrétion délicate, cette charité exquise qui lui feront toujours éprouver une invincible répugnance pour tout ce qu'on est convenu d'appeler la prudence du siècle, ou plus vulgairement la politique. Les calculs égoïstes, la louange hypocrite, indignaient cette âme si droite, ce cœur si généreux.

Plein d'indulgence pour les autres, il n'avait que du mépris pour lui-même, craignant toujours de n'en pas faire assez pour répondre à l'appel divin, se montrer digne de sa sublime vocation. De plus en plus détaché à mesure qu'il monte les degrés de l'autel, il sent le besoin de rendre l'immolation plus parfaite et le don plus accompli : « O mon Dieu, écrit-il après son ordination du sous-diaconat (14 juin 1862), il est donc accompli, l'acte le plus important de ma vie, au beau jour de ma première communion, c'est vous qui vous êtes donné à moi, aujourd'hui c'est moi qui me suis donné à vous, et vous avez voulu m'accepter, ô Jésus... Non je ne croyais pas pouvoir encore éprouver tant de bonheur... Je sais bien que j'aurai à lutter, eh bien tant mieux! je ne suis rien, je ne puis rien de moi-même, mais avec vous je puis tout, soyez toujours avec votre sous-diacre! »

Dieu ménageait une bien douce récompense au fervent sous-diacre qui, au début de sa troisième année de séminaire, fut appelé à diriger le catéchisme de première communion des filles.

Les catéchismes, la préparation et la formation des jeunes âmes pour le grand jour où Dieu se donne à elles pour la première fois, ce sera pour lui l'œuvre par excellence à laquelle, toute sa vie, il donnera tous ses soins, consacrera tous ses efforts, prodiguera toute son affection. Aussi l'abbé Paulian devint bientôt un catéchiste accompli. Le voilà donc, pendant l'année scolaire 1862-63, dirigeant le catéchisme dit « du Péristyle », celui peut-être de tous auquel il semblait le moins destiné par nature. En effet, son caractère grave, son extérieur sérieux paraissaient peu en harmonie avec son jeune auditoire ; mais la grâce était assez puissante sur lui pour corriger la nature, il sut, comme il se le proposait dans une de ses précédentes retraites, « pratiquer l'amour du prochain, en Dieu et pour Dieu, ce qui, ajoute-t-il, demande mes soins d'une manière particulière ; je veux m'appliquer sérieusement à dompter mon caractère sombre, à rendre à tous avec un cœur gai et content tous les services qu'ils peuvent me demander, dussé-je pour cela me gêner même beaucoup ! »

Il se mit à l'œuvre, et la grâce aidant, devint un excellent chef de catéchisme ; il sut remplir son programme, car il se montra gai au point que les cahiers de comptes rendus de cette année gardent encore le souvenir de ses « belles histoires » et même d'une séance où ses observations piquantes sur les cahiers d'analyse des enfants, suscitèrent une telle hilarité, que

« Monsieur le chef pris lui-même d'un fou rire dut suspendre un instant la séance. » — C'est en partageant sa vie entre la formation de ces jeunes âmes, « les hommes et les mères de l'avenir, » comme disait Mgr Dupanloup, et la formation de la sienne propre, par l'étude et la piété, qu'il atteignit successivement le jour du diaconat, puis celui du sacerdoce. Ses retraites d'ordination nous le montrent s'efforçant toujours de monter plus haut ; au jour du diaconat il prend la résolution de ne jamais rien refuser délibérément à la grâce, afin de ne pas contrister l'Esprit-Saint et de ne pas l'éteindre à force de le contrister. Son raisonnement est aussi simple que vrai et profond : « Puisque c'est de vous, ô mon Dieu, que j'ai tout, et que je ne vis que pour vous, je veux désormais tourner vers vous toutes les forces et toutes les facultés de mon être..... Un prêtre doit être un chrétien parfait, un chrétien c'est un homme qui doit brûler, pour Dieu son père qui l'a tant aimé, du feu de la charité. Mais qu'est-ce que la charité elle-même sinon une forte et généreuse volonté de servir Dieu, de lui plaire et de jouir de lui ! » Et sa conclusion est toujours qu'il lui faut de plus en plus corriger les inclinations mauvaises de la nature par la mortification, l'humilité et la charité, et pour s'encourager à faire dans le présent ample provision de forces et de grâces, il se représente les besoins et les luttes de l'avenir : « Quand je pense combien il est nécessaire à un prêtre d'être un chrétien parfait pour marcher à la tête des chrétiens, puisque sa vie doit être le livre des laïques, je pourrais encore reculer devant le renoncement, le détachement et le sacrifice de tout moi-même ! Mais comment alors pourrais-je faire plus tard les sacrifices inséparables des fonctions du prêtre dans le

saint ministère? Serai-je donc un lâche prévaricateur? Je l'ai
déjà été assez, ô mon Dieu, que je ne le sois plus! »

Enfin le jour à la fois désiré et redouté du sacerdoce arrive;
toute âme aimante, à l'approche d'un pareil jour, se sent par-
tagée entre ces deux grands sentiments d'un cœur enlevé par
l'amour et retenu par une humble connaissance de sa petitesse
et la crainte d'être par sa faute incapable de répondre aux
bienfaits de Dieu. La seule ressource alors est de s'abandonner
avec confiance aux volontés divines et de livrer à la grâce le
cœur où Dieu veut accomplir le dernier de ses prodiges. « Pendant ces jours de préparation, je veux m'habituer à me tenir
dans une solitude intérieure complète, faire de mon âme comme
un sanctuaire, ô mon Dieu, afin de m'y tenir à vos pieds,
ô mon sauveur Jésus, dans une entière dépendance de votre
divin Esprit. » Grand silence d'un acte tout religieux, où l'âme
effrayée de ses hautes destinées sent le besoin de rassurer ses
affections saintes en s'attachant plus étroitement à tout ce que
le ciel a de plus doux : « Je veux m'habituer à me tenir uni à
mon Sauveur Jésus... O Marie, ma mère, je me donne à vous;
présentez-moi à votre divin Fils afin qu'il me rende semblable
à vous et à lui!... Je m'abandonnerai sans cesse entre les mains
de la Très Sainte Vierge à qui je me suis donné plus entièrement que jamais. » Telles sont les paroles d'une âme élevée par
la foi à comprendre la grandeur de ce qu'elle va devenir, et
cette crainte filiale qui naît de l'amour est la marque de la
vertu. En face d'un événement si grand, plus l'homme aime
et craint, plus il laisse voir que Dieu lui a agrandi le cœur et
éclairé l'esprit.

L'abbé Paulian reçut l'ordination sacerdotale le 19 décembre 1863, dans cette église de Saint-Sulpice où s'étaient passées pour lui tant de grandes choses et où il avait inauguré ses premiers rapports avec les âmes.

Tel séminariste, tel prêtre, c'est comme un axiome, comme une loi de la carrière sacerdotale, que la fidélité à la grâce est dans la vie du prêtre ce qu'elle a été dans celle du séminariste.

Dès qu'il fut de ceux que Notre-Seigneur appelle, non pas ses serviteurs, mais ses amis, l'abbé Paulian songea à se conserver toujours digne de ce titre si auguste. Il se recueille au soir de son ordination et rédige le règlement qui doit assurer sa fidélité parfaite et le succès de son ministère. Rien ne lui semble inutile, il entre dans les moindres détails et règle toute sa vie de prêtre avec un esprit de foi profond, et en même temps avec un sens pratique qui se rencontre rarement chez un jeune homme encore sans expérience du monde et du ministère sacerdotal ; sa ferveur ne l'empêche point de prévoir les obstacles et sait trouver le moyen sûr de les écarter.

Ce règlement est un modèle du genre : il s'ouvre par les avis les plus saisissants de saint Paul à son disciple Timothée et par les graves instructions que donne l'évêque aux jeunes prêtres au moment de l'ordination ; puis c'est un cri d'admiration et de reconnaissance sur les bontés de Dieu à son égard : se retournant vers ces vingt-cinq années parcourues, il compte avec amour les grâces dont la main de Dieu n'a cessé de semer sa carrière, en opposant « son ingratitude » aux bienfaits dont il se voit comblé ; « mais que vois-je, voilà que vous me tirez de la boue pour me placer parmi les princes de votre peuple de prédilection !

« O mon Dieu, que vos jugements sont impénétrables ! Ah !

ce sont bien là les coups de votre miséricorde ! » Son humilité va jusqu'à lui faire craindre que cette grâce dernière et suprême ne soit qu'une permission d'abuser du plus grand don de Dieu pour être châtié justement ensuite de toutes ses fautes. « Ah ! sans doute, s'écrie-t-il, je l'ai bien mérité, mais non, non, mon Dieu, vous le savez, je vous aime par dessus tout, ah ! j'aime mieux croire que c'est une dernière grâce que vous m'offrez dans votre miséricorde : oh ! que j'en profite donc : elle me donnera la facilité de vous aimer ! Augmentez dans mon cœur, mon Dieu, le sentiment des grandes choses que vous avez opérées en moi, mais aussi celui de mon incroyable misère, et que ce soient là mes deux soutiens contre les défaillances de la nature, si jamais elle voulait me faire retomber dans une vie vulgaire. » En face de cet avenir qu'il faut aborder sans le connaître, il lève son regard vers Marie et « c'est surtout sous les auspices de la Mère du ciel » qu'il place toute sa vie sacerdotale. Puis, pour être à la hauteur de sa mission quelle qu'elle puisse être, il se dresse une règle de vie qui n'est autre qu'une suite de réponses à cette question : qu'eût fait Jésus-Christ ? qu'eût pensé Jésus-Christ ? Le recueillement et la simplicité de Nazareth lui enseignent ce que doit être sa vie privée ; l'exemple de Jésus enseignant, immolé, et priant, lui inspire ses résolutions pour l'exercice du saint ministère, l'accomplissement du divin sacrifice, et le devoir de la prière publique. Et comme dernier sceau à ce contrat du grand jour, il redit l'aspiration de toute sa vie vers la perfection avec le secours de la grâce : « Mon Dieu, pour être un vrai prêtre, il faut être un saint. Vous m'aiderez à garder ces règles que je me suis tracées dans la simplicité de mon cœur. Je les placerai sur l'autel où, pour la première fois, j'offrirai le saint sacrifice, afin que vous me donniez la force de les garder inviolablement. »

Telles étaient les dispositions avec lesquelles il sortait de ce séminaire dont il désirait rester toujours l'enfant : être toujours séminariste, conserver toute sa vie la régularité des premières années et la ferveur des premiers sacrifices était dès lors et a toujours été depuis son plus ardent désir et le but de ses efforts.

Quelques jours après sa sortie du séminaire, l'abbé Paulian fut envoyé comme vicaire à Notre-Dame de Clignancourt, paroisse récemment fondée alors, à peine entièrement organisée, et aussi pauvre qu'étendue et dénuée de ressources. Le zèle du jeune prêtre trouvait de quoi se déployer, et ce fut avec bonheur qu'il commença à se donner généreusement tout à tous. N'avait-il pas voué aux pauvres un amour particulier : « Je trouverai en eux Jésus-Christ, disait-il dans son règlement, et je m'appliquerai à leur faire sentir la grandeur de leur état. je les secourrai autant qu'il sera en moi, afin de soulager leurs misères corporelles et de mieux gagner leur confiance ; à cet effet je mettrai en réserve les honoraires de mes messes, et autant qu'il me sera possible, je les emploierai à soulager les pauvres. Plus ils seront misérables, plus je me montrerai affable, doux, bienveillant. Quelquefois. quand ils paraîtront le désirer, mais qu'ils en seraient empêchés par leur misère, je dirai une messe à leur intention, et par conséquent sans recevoir d'honoraires. A l'époque surtout de la première communion, je ferai des visites à quelques familles pauvres dont les enfants seront au catéchisme. C'est quelquefois un moyen bien facile de ramener à la religion des cœurs qui en étaient éloignés. »

Dès ces premiers temps de ministère, il fit voir son amour

pour l'œuvre des catéchismes, et durant les quatre années qu'il passa à Notre Dame de Clignancourt, les catéchismes et les malades furent les plus chers objets d'un ministère où sa générosité toujours prête le fit aimer et laissa après lui un durable souvenir chez tous ceux qui ont pu l'apprécier. L'activité du ministère extérieur ne lui faisait cependant pas oublier sa propre sanctification. Il y avait pourvu avant de sortir du séminaire en faisant le vœu de passer en oraison une demi-heure chaque jour. Il fut fidèle aussi à la résolution de suivre chaque année une retraite complète. Ses réflexions écrites avec soin le montrent appliqué aux mêmes efforts de sanctification qu'au séminaire ; l'amour de la prière, l'union à la vie et aux dispositions du Maître de toute vertu, et enfin cette grande et fondamentale pensée que le prêtre ne vit plus que pour les autres, tel est le fond de son cœur.

La cinquième année de son ministère commença dans une paroisse assez différente de la précédente : nommé vicaire à Sainte-Clotilde, il allait montrer, dans cette paroisse aristocratique, autant de distinction chrétienne, de tact et de réserve sacerdotale qu'il avait su prodiguer à Clignancourt de bonté et de charité compatissante. Toujours apôtre zélé des catéchismes, il se fit remarquer à Sainte-Clotilde par son expérience en ce genre de ministère, et nombreux sont ceux qui se rappellent encore ses instructions pleines d'intérêt et d'onction. Rien ne l'arrêtait quand il s'agissait de cette œuvre dont il comprenait toute l'importance, et même pendant la lugubre période de la Commune, il ne voulut point les interrompre, mais se prêta de grand cœur au généreux élan de plusieurs jeunes gens des premières familles de la paroisse, qui grâce à ses leçons et à son exemple, n'étaient guère plus disposés que lui à abandonner la place. Ce n'était pas sans efforts que le digne prêtre atteignit ce résultat. Peu à peu les prêtres du diocèse de Paris avaient quitté leur poste soit par l'ordre de leur archevêque qui les dirigeait sur les ambulances ou les corps de troupes sans aumôniers, soit parce qu'ils n'étaient pas en état de supporter les fatigues du siège ou qu'il fallait se conserver des bras valides pour l'heure de la paix. La paroisse Sainte-Clotilde fut une des plus décimées, et bientôt l'abbé Paulian resta seul avec M. l'abbé Mathieu, second vicaire, et un prêtre âgé de plus de quatre-vingts ans.

L'abbé Paulian se chargea spécialement des catéchismes. Mais cela ne suffisait pas à absorber tous les efforts de son zèle : il fut nommé aumônier de l'ambulance établie au Corps Législatif. Sa confiance en Dieu et son abandon à la divine Providence le soutenaient dans ces travaux : « Prions, prions toujours, écrivait-il à ses parents, c'est là, avec nos derniers efforts, notre dernière espérance… Je me prépare à tout ce que Dieu voudra. » Il le fit bien voir en résistant à toutes les instances qui lui furent faites par les siens qu'il aimait si tendrement et auxquels il ne cessa de répondre : « Pour m'absenter, il faudrait que je sois mourant. » Le mois de mars arriva, et avec lui la Commune et ses horreurs ; de nouvelles instances trouvèrent la même inflexibilité : « Je ne quitterai Paris qu'à la dernière extrémité… quand je n'aurai plus un blessé dans mon ambulance, ni un paroissien dans la paroisse. » Et continuant sa tâche avec d'autant plus d'ardeur que les périls augmentaient chaque jour, il enlevait par ses instructions pleines de feu ses jeunes intrépides du catéchisme. Mais que d'épreuves encore et de sacrifices avant le jour si désiré de la première communion.

L'abbé Paulian et son collègue avaient encore fait chanter les vêpres le 22 mai, jour où l'armée régulière étant entrée par une brèche, les communards n'avaient plus aucun ménagement à garder. Le soir, après avoir pris le soin de fermer l'église, ils durent, pour dépister les recherches possibles, quitter leurs domiciles. L'abbé Paulian se réfugia dans une famille amie de sa paroisse. Il avait bien souffert durant cette triste époque, si pénible surtout pour les prêtres, mais, malgré tout, pour ce fils si bon, la plus cruelle souffrance fut, de son propre aveu, de voir ses parents s'obstiner à rester avec lui pour partager ses dangers. Les dernières heures surtout, plus terribles que toutes celles qui avaient précédé, lui donnèrent de mortelles angoisses à leur sujet. (Il n'avait pu les rejoindre, la circulation étant interrompue.) L'abbé passa en prière cette nuit d'alarmes, et le lendemain, cherchant toujours sa force en Dieu seul, il voulut aller à l'église pour monter au saint autel. La maison était environnée de barricades ; n'importe, au mépris de sa vie, et malgré les supplications de la famille dévouée qui lui avait donné asile, il voulait aller interposer à cette heure néfaste la divine victime entre la terre et le ciel. Ce fut comme par un secours providentiel que la porte lui fut fermée en dedans par le concierge, décidé à ne laisser sortir personne en un pareil moment. L'abbé Paulian ne se laissa point décourager ; prolongeant sa préparation à l'auguste sacrifice, il attendit à jeûn jusqu'à midi que la rue fût libre. Malgré cette persistance dans son pieux et sacerdotal désir, il fut privé ce jour-là de cette consolation surnaturelle. Dieu lui en réservait une plus grande : un mois après cette terrible journée, le 22 juin, il eut le bonheur de donner pour la première fois le Pain des forts à ses chers et courageux « enfants du siège ». Quelle douce récompense pour le zélé catéchiste qui à bon droit regarda ce jour comme l'un des plus heureux de sa carrière sacerdotale.

Ceux qui furent témoins du dévouement de l'abbé Paulian ne pouvaient y rester insensibles, et, peu après le retour de la paix, les fidèles reconnaissants lui offraient un calice avec cette inscription : « Pâques 1871. — A monsieur l'abbé Paulian, la paroisse Sainte-Clotilde reconnaissante. » La famille dévouée qui lui avait offert un refuge pendant ces derniers moments de la Commune, attribua toujours à sa présence et à ses prières incessantes cette préservation complète de tout mal au milieu des scènes horribles et des incendies qui l'avaient un instant enveloppée.

Pour l'abbé Paulian, après les angoisses que lui causait le sort de ses parents enfermés dans Paris à cause de lui, la plus sensible peine fut d'être privé de nouvelles du reste de sa famille résidant en province. Il en souffrait beaucoup, comme il l'écrivit dans la suite, aussi tenta-t-il tous les efforts pour communiquer avec ses bien chers absents : ballons, pigeons voyageurs, gens sortant de Paris à qui il confiait ses lettres, tout fut mis à contribution. Dans ces lettres toutes réconfortantes pour les siens il s'efforce d'amoindrir ses propres souffrances et de cacher ses mérites.

Bientôt le calme commença à se rétablir : « Que vous dire, écrivait la mère de l'abbé Paulian à ses enfants demeurant en province, que vous dire de ce que nous avons vu et de ce que nous voyons encore toute la journée : jamais on n'aurait pu faire un roman aussi terrible, aussi diabolique, aussi incroyable ;

enfin nous respirons, grâce à Dieu, et bientôt. mes chers enfants, nous pourrons nous embrasser. »

L'ordre et la paix étant revenus. l'abbé Paulian alla se dire devant Dieu dans la retraite, qu'il n'était qu'un prêtre sans courage et sans vertu. « Quoi qu'il m'arrive, avait-il écrit dans son règlement de vie, je n'attendrai pas ma récompense ici-bas et de la part des hommes. Une fois que j'aurai servi les âmes, j'accepterai volontiers l'oubli: il faut que je m'élève plus haut et que j'établisse plus solidement mes espérances. » Il fut, toute sa vie, fidèle à cette résolution : « Je ne lèverais pas le doigt pour changer de poste, pour avancer, disait-il dans ses dernières années. je veux être où la Providence m'a placé, certain qu'alors j'aurai les grâces qui me sont nécessaires.»

Il demeura encore trois ans à Sainte-Clotilde, reprenant sans bruit son poste de vicaire et ses fonctions habituelles, jusqu'en l'année 1874, où le cardinal Guibert l'envoya comme second vicaire à Saint-Pierre de Montmartre. Tout en regrettant beaucoup de quitter Sainte-Clotilde, paroisse qui lui resta chère toute sa vie, il obéit et ce fut une joie pour son cœur si sacerdotal de se voir rappelé au milieu de ces pauvres et de ces petits qui sont les amis du divin Maître. Aussi, l'abbé Paulian, dont la grande dévotion était de s'unir et de se conformer en tout aux sentiments du divin Modèle, se dévoua-t-il dans ce nouveau poste, avec une activité et un zèle qui ont laissé des souvenirs durables dans ce milieu populaire. Cependant il se rappelle toujours ce grand enseignement du séminaire : que le prêtre doit vivre d'autant plus à l'intérieur dans la prière, la vertu et l'union à Dieu, que ses occupations l'entraînent davantage au dehors et le forcent à se répandre.

Non content de faire très régulièrement, chaque année, une retraite après laquelle il écrit soigneusement ses impressions et résolutions, il pratique assidûment chaque mois l'exercice de la retraite mensuelle, il continue à faire chaque jour, comme depuis sa sortie du séminaire, sa visite quotidienne au Saint-Sacrement, ses études de théologie, ses lectures spirituelles : rien d'étonnant qu'il ait conservé ce profond esprit surnaturel, et même cette parfaite délicatesse de vues et de conscience qui ont fait de lui un homme si intérieur, si détaché, pratiquant à la lettre le conseil de l'Apôtre : « Ceux qui appartiennent à Jésus-Christ ont crucifié leur chair avec ses vices et ses concupiscences. » Durant cette époque de son ministère, il prit l'habitude de s'unir plus intimement à Dieu et de purifier ses intentions chaque fois que l'heure sonne. A l'exemple du saint aveugle Mgr de Ségur, il entretenait avec un soin pieux une lampe toujours allumée devant une magnifique statuede sa bonne Mère du ciel qui occupait la place d'honneur de son appartement. Sans doute, pour un esprit superficiel ce ne sont là que de petites choses. L'abbé Paulian, au contraire, trouvera un bonheur particulier à continuer toute sa vie ces touchantes pratiques qui avaient charmé et sanctifié son enfance. Ni le commerce du monde, ni les préoccupations d'un ministère actif ne pourront porter atteinte à sa foi profonde, à sa distinction surnaturelle. Jamais il ne perdra de vue cet idéal de la perfection qu'on traite souvent trop légèrement de généreuses illusions de jeunesse, qui cèdent devant la réalité. Après onze ans de ministère, il prenait encore comme devise : « *Volo sanctum fieri,* » Je veux devenir un saint. Il n'a pas cessé durant toute sa vie de lutter contre un tempérament un peu porté à la tristesse et qui donnait à son abord, pour ceux qui ne le connaissaient pas assez, quelque chose de sévère et de renfermé. Son seul désir était de plaire à tous, d'être affable, bon, prévenant : il comprenait que ses efforts n'atteignaient pas toujours le résultat désiré, mais loin de se décourager, il continuait à porter les yeux sur ce penchant de son caractère, aussi toutes les personnes qui l'approchaient de près sentaient bien vite quel trésor de générosité et d'exquise bonté se cachait sous ces apparences un peu froides dues en partie à un naturel timide.

Bien que très attaché à Montmartre, le second vicaire de Saint-Pierre ne renonçait pas à ses anciennes relations de Sainte-Clotilde. Il aimait d'autant plus à y revenir que ceux qui l'avaient apprécié comme directeur tenaient à rester sous sa conduite. Aussi, chaque vendredi, s'y rendait-il pour y confesser, revoir son ancien curé et quelques familles amies qui l'appréciaient autant comme ami dévoué que comme conseil éclairé.

Après quatre ans passés à Montmartre, dans un ministère qui plaisait à son cœur, Dieu allait l'en faire sortir à l'occasion d'une des plus grandes épreuves que puisse subir un cœur aussi aimant que le sien.

L'état de santé de sa respectable et pieuse mère inspirant les plus vives inquiétudes, l'abbé Paulian demanda un poste moins absorbant afin de lui consacrer désormais plus de temps. Nommé aumônier du couvent Notre-Dame, plus connu sous le nom de la Maison des Oiseaux, ce fils si dévoué ne devait pas avoir la consolation de posséder sa mère avec lui. Mme Paulian était alors retirée en province chez sa fille. Malgré les soins les plus tendres, son état s'aggrava rapidement. Trois fois l'abbé vint de Paris pour la réconforter par sa présence, et il reçut son dernier soupir. Cette grâce lui avait été refusée lors de la mort de son père, frappé d'une attaque d'apoplexie. L'abbé Paulian ne put arriver à temps pour l'assister ; mais il eut la consolation d'apprendre que son père, se sentant gravement atteint, avait lui-même demandé l'aumônier, en disant : « C'est de lui que j'ai besoin, et non du médecin. »

A son retour à Paris, il se consacra tout entier à ses nouvelles fonctions. La divine Providence semblait l'avoir prédestiné à ce ministère : nous avons vu déjà quel amour il avait pour les catéchismes, l'instruction et la sanctification de la jeunesse, depuis le temps où il avait été chef de catéchisme à Saint-Sulpice. Maintenant sa principale occupation devait être de former à une piété solide et éclairée les jeunes filles que des familles d'élite confient aux religieuses de Notre-Dame. Là comme ailleurs il se donna tout entier : ses plans de sermons, ses notes de cette époque témoignent que jamais il ne croyait faire assez pour la sanctification de ces âmes. Joignant à l'expérience qu'il avait acquise dans ce ministère une étude constante des livres qui traitent de l'éducation, du rôle social et des devoirs qu'auraient plus tard à remplir ses élèves, il s'efforçait de les préparer à leur mission future ; livres de spiritualité, vies des Saints, il mettait tout en œuvre pour donner une direction aussi forte que bien conduite. Ses catéchismes surtout étaient remarquables. Ses instructions courtes, claires et bien senties faisaient toujours une profonde impression tant à cause de la connaissance qu'il avait de son auditoire que par la piété et la conviction qui paraissaient dans toute sa personne. Du reste, là encore, M. Paulian prêchait d'exemple, tout le monde pouvait remarquer son dévouement non moins que sa sévérité envers lui-même. Homme de règle, exact en tout, il disparaissait sans bruit après le devoir accompli. Mais ce poste plus tranquille était insuffisant pour son zèle maintenant sans entraves. Aussi accepta-t-il la direction de conscience des Sœurs de l'hospice de l'Enfant Jésus.

Sa charité le porta plus encore qu'auparavant vers les pauvres et les infirmes. « Dans un ministère occupé, on est quelquefois porté à négliger les pauvres, écrivait-il dans une de ses retraites, c'est un tort parce que le prêtre est appelé à continuer le ministère de Notre-Seigneur Jésus-Christ. « *Pauperibus evan-* « *gelizare misit me*, mon Père m'a envoyé annoncer la bonne « nouvelle aux pauvres. » Et jamais le prêtre n'est plus beau que parmi les pauvres. Je les entourerai donc de prédilection et de respect. Ce que je dis des pauvres, je le dirai des malades, je me rappellerai que je remplis un ministère divin et qu'il y va du salut d'une âme. »

Malgré ce surcroît de besogne accepté volontairement, il lui resta plus de temps libre que dans son poste précédent, aussi s'empressa-t-il de se livrer plus assidûment à l'étude de la théologie, de l'Écriture sainte et des Pères de l'Église. Voulant rivaliser de zèle avec son pieux ami, M. l'abbé Chaumont, qui publiait alors ses belles études sur saint François de Sales, l'abbé Paulian se mit à l'œuvre et en chercheur infatigable il rassembla une foule de matériaux. Son plan était tout en rapport avec ses fonctions présentes. Son travail a pour titre : *La Femme chrétienne d'après saint François de Sales*. En outre il réunit, avec autant de goût artistique que de zèle, une collection de gravures sur sainte Cécile ; collection qui passe à bon droit pour une des plus complètes qui existent. Il parlait de la

faire reproduire quand la mort le surprit. Les fils de dom Gué-
ranger auxquels elle doit revenir, se chargeront sans doute un
jour de réaliser son désir.

Dans cet instant de trève, il prévoyait le jour où renvoyé dans
un ministère plus absorbant il serait obligé de déplorer encore
comme auparavant l'abandon forcé des études, il commença
donc à lire le plus grand nombre des volumes de sa bibliothèque, copiant les passages qui pourraient lui servir plus tard,
arrachant même impitoyablement dans ses livres les pages qu'il
désirait conserver et classant tous ces extraits par ordre alphabé-
tique, véritable labeur de bénédictin et pieux arsenal, pour les
jours hélas trop courts, où les besoins d'un ministère plus actif
disputeraient de nouveau le temps à son amour de l'étude.

L'année 1884 devait le frapper d'un nouveau deuil bien dur et
qui nous fait voir à la fois le prêtre dévoué, le parent rempli
d'intelligente et surnaturelle affection et le parfait directeur de
jeunesse. Il avait toujours suivi avec un cœur de prêtre le
développement d'une âme qui lui était chère, autant par ses
précoces vertus que par les liens de la parenté. Sa nièce
aînée, Marie, lui avait donné dès sa première communion les
plus douces espérances. « Sa première communion a été bien
faite, disait-il, c'est un excellent fondement bien posé, sur lequel
il faut élever l'édifice complet de son éducation, mais bien se
rappeler qu'un édifice ne s'élève que peu à peu. Il faut surveiller
les travaux, demander des efforts, mais accorder aussi des
moments de détente et laisser passer les choses insignifiantes.
Le temps et la grâce de Dieu agiront peu à peu et Marie donnera
des fruits excellents plus tôt encore que d'autres enfants. »

Dieu en avait décidé autrement dans sa providence toujours

sage et miséricordieuse! Marie devait goûter bientôt la récompense d'une vertu née pour la souffrance, exercée, mûrie et purifiée par elle, pour être aussitôt couronnée. Dès l'âge de onze ans sa croissance exagérée faisait l'inquiétude de sa mère, trois ans après son état s'aggrava, et dès lors, pendant plus d'un an, sa vie ne fut plus que souffrance.

La maladie d'une enfant chérie multiplie les délicates attentions d'une mère, combien ne multiplie-t-elle pas chez le prêtre les soins et l'affection pour une âme qui prépare son éternité ou tout au moins perd ou exploite une occasion inappréciable de mérites pour le ciel? Aussi M. Paulian écrivait: « Partout je suis avec vous et près de Marie: chez moi, dans les rues et chez les autres, car partout je demande des prières. » En effet il parlait de la pauvre malade avec une affection si tendre et si bien sentie qu'elle gagnait ceux même qui ne connaissaient pas cette enfant. Au pensionnat des Oiseaux les maîtresses et les élèves s'intéressaient à elle comme si elle eût fait partie de la communauté, on fit pour elle des prières fréquentes, des neuvaines, l'affection de l'oncle avait gagné tout le monde.

Cette affection toute chrétienne nous montre combien M. Paulian avait parfaitement compris et étudié son rôle d'aumônier de jeunes filles; non seulement il sait donner avec un tact exquis et un à-propos que la grâce seule fait saisir tous les conseils propres à soutenir et consoler une âme si profondément éprouvée, mais avec la délicatesse d'une mère, il songe aux moindres précautions qui peuvent calmer la souffrance ou satisfaire la malade. On croirait à lire ses lettres, que ce sont celles d'une mère; les moindres détails de médicaments, d'hygiène, d'organisation de la chambre, tout le touche, on voit combien il a l'habitude de donner, quand il y a lieu, aux malades et à ceux même qui les entourent, en même temps que les consolations d'en haut, les conseils pratiques pour les soins du corps. Table de malade, jeux, livres appropriés à ceux qui souffrent sont autant de témoignages de cette affection bien comprise qui rappellent sans cesse à la pauvre enfant son cher oncle et le Dieu qui l'inspire : « C'est sur ma petite table que je t'écris, et j'y suis très bien, presque aussi bien que levée, aussi comme je te remercie ! De quelque côté que je me tourne, ma chambre est pleine de témoignages de ta bonté pour moi ; oh ! que tu es un bon oncle, et comme je t'aime ! Je pense bien souvent aux bons conseils que tu m'as donnés, et j'essaie d'en profiter, mais je suis si faible, qu'il m'échappe bien des impatiences. Prie, mon bon oncle, pour que je sois plus patiente, plus courageuse.

« Que je voudrais encore t'avoir près de moi, t'entendre parler, tu sais si bien me consoler, m'encourager, m'égayer. Ta présence m'a fait tant de bien ! Souvent quand je suis dans mes idées noires (oh ! j'ai grand tort car je devrais remercier le bon Dieu qui m'a entouré de tant d'affections et qui m'a donné surtout des parents si bons qui cherchent toujours à soulager et à faire plaisir à leur pauvre enfant), je n'ai qu'à me rappeler tes conseils, tes encouragements pour secouer ma tristesse. » « Que de fois je pense à toi, écrit-elle encore dans la suite, d'une écriture de plus en plus faible et tremblante, que de fois dans la journée je me dis : si mon bon oncle était là, il m'encouragerait ; puis je relis tes lettres qui sont toujours près de moi, et je m'imagine ta voix lorsque tu m'exhortais à la résignation, ainsi même de loin tu ne cesses pas de me faire du bien. Écris-moi souvent, mon bon oncle, j'aime tant tes lettres, tes conseils sont si bien appropriés à ma situation, ils montrent si bien comme tu aimes ta pauvre Marie.

« J'ai fait la sainte communion jeudi dernier, que c'est bon de recevoir Jésus, surtout quand on souffre ! »

Pour lui dans une maladie si longue, si continuellement cruelle, il était presque effrayé des écueils à éviter, la désespérance d'abord, puis aussi le manque de préparation à une mort toujours proche et qui semblait toujours impossible, tant les pauvres parents multipliaient pour sauver leur fille les prières ferventes et les soins assidus, tant les médecins s'ingéniaient à montrer du mieux jusqu'à la veille de sa mort, à cette enfant qui leur faisait pitié. Aussi le prêtre zélé loin de tromper cette âme qu'il aime, s'applique à lui faire aimer ce Dieu devant lequel elle va paraître : aidé de parents chrétiens, il fait entrer peu à peu l'amour des biens célestes dans ce cœur qui ne vit plus que pour l'éternité. Bientôt la chère enfant soumise à la volonté de Dieu, persuadée qu'elle n'était enlevée de ce monde que pour éviter de plus grands maux, ne craignit plus dans la mort que la douleur qu'éprouveraient ses parents : Dieu étant devenu le séjour habituel de son âme, et les pensées de la foi son aliment : « Je suis portée au découragement, écrit-elle, nous sommes cependant en carême, il faut que je fasse pénitence, Jésus a tant souffert pour moi, et moi je ne sais rien endurer pour l'amour de lui ! » Pendant ce temps de pénitence, elle faisait chaque vendredi les méditations du chemin de la croix devant son crucifix; durant tout le temps de sa maladie, elle récitait chaque jour son chapelet en entier. Parfois elle disait à sa mère : « Disons-le vite, ce soir je serais peut-être moins bien disposée. » Bien souvent elle faisait ou faisait faire par sa mère des lectures pieuses dans les livres de son cher oncle.

M. Paulian ne négligeait pas non plus l'âme des parents d'autant plus éprouvés que la vertu croissante de leur fille rendait chaque jour plus grande la perte qu'ils allaient faire. Il avait suivi avec eux la même voie qu'avec l'enfant : leur enseignant d'abord la patience et l'espérance du vrai chrétien, puis établissant dans leurs âmes une résignation plus large à toute volonté de Celui dont la main ne fait jamais que le bien, même en donnant la mort : « Espérons et continuons d'avoir confiance, dit-il dès les premiers jours, vous ne pouvez faire plus que vous ne faites, mais il faut tâcher, pour Marie, pour vous et pour moi, que cette épreuve nous profite pour le ciel. La confiance en Dieu, la patience et la soumission à la volonté divine, l'union à Jésus souffrant sont les moyens que vous connaissez bien de sanctifier une situation pénible que tant d'autres se contentent de porter philosophiquement. » Puis plus tard, il montre la mort même comme une issue quelquefois heureuse, citant cette apparition de Notre-Seigneur à saint François de Borgia pour lui annoncer que s'il continuait à demander la guérison de son épouse, elle lui serait accordée pour leur commun malheur.

Mais en tout cela, il n'agit jamais qu'avec réserve, il se rappelle qu'un autre a reçu la charge de ces âmes, et loin de vouloir se les attacher entièrement, il ne se donne que comme un aide de leur propre pasteur : « J'espère, dit-il, que les dispositions de Marie sont bonnes, car on a prié aussi pour que ces souffrances soient utiles. Du reste il faut laisser cela entre Dieu et son confesseur. Il saura agir à propos. Il faut laisser faire le temps, la grâce et M. le curé. » Parlant de l'Extrême-Onction, il ajoute encore : « Il faut laisser cela au prêtre, qui a grâce d'état pour savoir ce qui convient et préparer la malade. » Ainsi nous le voyons fidèle à ses maximes de renoncement et de soumission, chercher le bien de tout son pouvoir et se retirer dès que son rôle est terminé, sans se laisser entraîner même par une affection toute surnaturelle. Trois fois il fit le voyage de Paris à Nancy pour réconforter sa chère malade. « Mon oncle, lui dit-elle la dernière fois, tu ne t'en iras pas avant que... » Elle n'acheva pas, voyant aux larmes que son oncle essayait en vain de retenir, qu'elle avait été comprise, et le lendemain elle expirait entre ses bras, dans les sentiments d'une paix et d'une résignation toute chrétienne, tandis qu'il lui suggérait une dernière prière.

Le coup fut pour l'abbé Paulian peut-être aussi sensible que pour les parents de la pauvre enfant ; mais vivant toujours de la foi, et se rattachant tout entier aux espérances chrétiennes. il trouva dans cette douloureuse séparation un moyen puissant pour se détacher encore davantage de la terre : « Dieu soit béni ! écrivait-il : s'il n'a pas, dans le secret de son amour, accordé à nos prières une guérison miraculeuse. il nous a exaucés en préservant cette chère enfant de la désespérance, et en développant dans son âme de fortes vertus. »

Sa douleur fut profonde, bien qu'il eût reporté sur sa seconde nièce son affection si vive, si sage, si surnaturelle. Il sut conserver un continuel souvenir de celle qui n'était plus de ce monde ; les vertus qu'elle avaient pratiquées donnaient au prêtre zélé une douce confiance dans le salut de cette âme tant éprouvée, il vécut dès lors avec le sentiment presque habituel de cette absence et le désir plus vif de l'éternité.

Plusieurs années après la séparation, il pleurait encore en se rappelant ces jours de deuil : mais *tout tourne bien à ceux qui aiment Dieu,* et non seulement l'abbé Paulian trouva dans cette épreuve une soif plus grande de la possession de Dieu, mais de plus, rédigeant avec tout son cœur un petit résumé des exemples touchants de force chrétienne dans la douleur donnés par sa nièce et qu'il avait si puissamment sentis, il en fit pour ses jeunes élèves une notice aussi émouvante que propre à faire aimer la vertu. Il trouva dans le souvenir de cette enfant souffrante une charité encore plus sentie pour les malades qu'il visita dans la suite : enfin, comme il le disait lui-même, la vertu de sa chère nièce fut un grand secours pour sa propre vertu.

Aussi considérant avec quelle rapidité le temps fuyait devant lui et combien de prêtres tombaient à ses côtés, il se reprochait de rester dans un poste où le travail lui semblait insuffisant bien qu'à certaines époques il eût jusqu'à six catéchismes par semaine outre les autres occupations qu'il s'était créées.

Bientôt rappelé dans le ministère paroissial, il fut nommé en 1886 premier vicaire de Sainte-Marie des Batignolles, et ressentit une joie véritable d'être plus spécialement serviteur de Marie, dans une église qui lui est consacrée. Cependant en entrant dans cette nouvelle charge, il avait comme un pressentiment de sa mort prématurée, pressentiment qui, pendant les derniers mois de sa vie, devenait si fort, qu'on peut croire qu'il avait comme une prescience de sa fin prochaine : « Dieu a permis que j'aie par un changement, une position plus occupée et plus conforme à mes goûts, mais très probablement à mon âge, et d'après certains indices, c'est le dernier poste que j'occuperai et le dernier ministère qui me sera confié. Je dois donc avoir soin de tellement le remplir, que je puisse réparer le passé, sanctifier ce qui me reste de vie, et préparer mon avenir éternel. » Telles étaient les paroles qu'il s'adressait à lui-même dans sa retraite de cette année 1886, et comme moyens d'arriver à passer des jours pleins : « Je dois travailler à ma sanctification avec soin, afin de mieux travailler à celle des âmes, et faire servir tout ce que je ferai pour les âmes à ma propre sanctification. » Ainsi reprenant toujours de nouvelles forces dans les pensées de la foi, et appuyé sur la grâce seule, il s'engagea avec une nouvelle ardeur dans les saints labeurs du ministère sur une paroisse aussi étendue que peuplée. L'œuvre des catéchismes fut toujours sa principale préoccupation, et, parfois, minuit le surprenait, travaillant ses instructions de catéchismes qui étaient des chefs-d'œuvre de clarté, de précision, en même temps qu'elles avaient le don d'émouvoir et toucher les cœurs.

Non content de s'occuper des jeunes filles du catéchisme de persévérance, et dans le but de mieux connaître ces âmes confiées à ses soins, il demanda et obtint de diriger le catéchisme de première communion. A ceux de sa famille qui lui objectaient qu'il se chargeait peut-être trop dans une paroisse où le premier vicaire est déjà si occupé, il répondait : « Il faut que cela soit, je ne pourrais faire le même bien à mes enfants de la Persévérance si je ne les connaissais déjà. » C'était toujours le prêtre ne regardant que le bien à accomplir, sans jamais se ménager. Hélas ! l'avenir donna raison aux craintes des siens. Certains jours, ceux de catéchisme, le plus souvent il ne prenait que quelques minutes pour ses repas, se hâtant et courant, afin d'être à son poste toujours avant l'heure. Aux alarmes de sa sœur, il n'opposait que ceci : « Je fais mon devoir, je ne puis faire autrement ».

Il n'épargnait rien quand il s'agissait de ses chers catéchismes, aussi les fonds qu'il avait pour les frais de cette Œuvre étaient-ils de beaucoup insuffisants, il y suppléait : récompenses et encouragements de toutes sortes étaient sans cesse mis à profit, et il voulut perpétuer cet apostolat jusqu'après sa mort en fondant un prix annuel.

Plus tard il en vint à s'occuper encore des tout petits catéchismes.

Les malades aussi attiraient sa sollicitude ; c'est avec un tact tout particulier qu'il savait leur parler, leur faire accepter leurs souffrances et rendre moins terrible cet instant de la mort si pénible à notre nature : c'est à ce point, que souvent encore d'anciens paroissiens de Sainte-Clotilde ou de Montmartre l'envoyaient demander, sûrs du reste qu'il ferait l'impossible pour arriver en toute hâte malgré ses occupations multipliées outre mesure. Il voulut pouvoir faire quelque bien encore même après sa mort, à ces privilégiés de son cœur, en fondant un lit à l'asile des vieillards des Batignolles, secourant ainsi à la fois l'âme et le corps d'un de ces souffrants auxquels leur pauvreté donne un titre nouveau à l'affection du prêtre. Les grandes œuvres de la Propagation de la Foi, de la Sainte-Enfance et des Séminaires furent également l'objet de ses pieuses libéralités.

A Sainte-Marie plus que jamais l'abbé Paulian se montra zélé propagateur du culte du Sacré-Cœur et de la dévotion à Marie. Nommé directeur de la Confrérie du Cœur de Jésus, il donnait à tous les membres de cette pieuse association une vive impulsion à la vertu, et quand il parlait de l'amour de Dieu il savait si bien exprimer ce qu'il sentait lui-même que plus d'un parmi ses auditeurs était touché jusqu'aux larmes. Un de ses collègues affirmait n'avoir jamais entendu l'abbé Paulian parler sur la sainte Eucharistie sans en avoir éprouvé une grande émotion. tant l'onction et la foi vive du prédicateur étaient profondes.

Chaque semaine il allait à Notre-Dame des Victoires pour exposer à Marie, dans ce sanctuaire privilégié, les besoins des âmes qui lui étaient chères, ou que Dieu avait confiées à sa sollicitude; c'était une joie pour lui d'écrire aux siens qu'il les avait fait recommander aux prières de l'Archiconfrérie de Notre-Dame des Victoires. Cette pieuse habitude d'aller rendre ses hommages à Marie dans les lieux qu'elle a spécialement bénis, habitude qui lui était chère depuis son enfance, le portait à visiter chaque année pendant ses vacances un des grands sanctuaires voisins du lieu où il allait prendre quelque repos. C'est ainsi qu'il se rendit à Liesse, Pontmain, Sainte-Anne d'Auray, Lourdes, Notre-Dame des Trois-Épis et Notre-Dame de Bon-Secours en Alsace, et surtout Notre-Dame d'Einsiedlen en Suisse. Encore séminariste, il allait en pèlerinage à Notre-Dame de Chartres à pied et en revenait de même.

Pendant les vacances qui précédèrent sa mort, il avait réussi. ce qu'il désirait depuis plusieurs années, à emmener sa famille en Suisse, pays qu'il aimait beaucoup. Nulle âme n'était plus capable que la sienne de comprendre les beautés de la nature et de les faire partager. Le but était un pèlerinage à Notre-Dame d'Einsiedlen. Il obtint d'y dire la sainte messe dans la chapelle miraculeuse, et d'y faire entrer sa famille, qui eut la consolation d'y communier de sa main. Il fut, durant ces quelques jours, d'une telle bonté pour les siens, il les entoura de tant de prévenances, que sa sœur, bien habituée cependant à le voir toujours si bon. revint de ce voyage, après qu'il les eut quittés pour retourner à son poste, tout attristée et le cœur angoissé.

Toute sa vie il aima à rencontrer et à rechercher dans ses voyages des sujets d'édification, la trace des Saints ou des vestiges de la foi des peuples. Les petites chapelles que la piété de nos pères élevait autrefois en si grand nombre au bord des chemins ou au sommet des collines. dans le creux des rochers, avaient pour lui un charme tout particulier.

A la campagne comme à Paris. ses préférences pour les petits et les pauvres étaient toujours marquées. Jamais il ne rencontrait un enfant sans lui adresser quelques mots, avec son bon sourire, souvent il les bénissait et leur distribuait des médailles dont il était toujours pourvu.

Envers ses inférieurs l'abbé Paulian fut toujours plein de condescendance; aussi tous ses subalternes l'aimaient autant qu'ils le respectaient. Une vieille domestique qu'il garda quatorze ans l'avait pris en affectueuse vénération. « Comment, disait-elle, en le quittant, obligée qu'elle y était par ses infirmités, comment va t-il être servi mon maître ? Jamais il ne demande rien ! il a toujours trop ! » (Son inquiétude prévoyante n'était, hélas! que trop fondée.) Il n'oublia pas ses services après son départ : quoiqu'elle ne fût pas sans quelque bien, il lui fit une pension. Il allait la voir chaque semaine quelqu'occupé qu'il fût, et quand elle mourut. il voulut dire pour elle les prières de l'Église.

En venant à Sainte-Marie, l'abbé Paulian avait eu le bonheur de rencontrer comme curé M. l'abbé Lamarche, bon appréciateur des mérites de son premier vicaire. Aussi eut-il toute la confiance du zélé pasteur. Quand la Providence appela le curé de Sainte-Marie à l'évêché de Quimper, il voulut que ses bulles fussent apportées par l'abbé Paulian, et qu'il l'assistât dans les cérémonies du sacre : il trouva là une occasion de lui marquer publiquement son estime et son affection ; quelque temps après, il le nomma chanoine de sa cathédrale.

Les lettres que Sa Grandeur écrivit à la famille du cher défunt, aussi bien que les paroles qu'il avait dites à son sujet, lors de son départ de Sainte-Marie, à la sœur de l'abbé Paulian, paroles pieusement recueillies par celle-ci, prouvent en quelle estime et en quelle affection il tenait « celui qu'il pleure aussi et avec le souvenir duquel il vit ».

La paroisse de Sainte-Marie, demeurée quelque temps sans curé au départ de Mgr Lamarche, trouva dans son premier vicaire un administrateur des plus zélés. Avec l'esprit d'ordre et de méthode qui le caractérisait, il sut avoir l'œil à tout, suffire à tout, et s'attirer toutes les sympathies.

Le nouveau curé, M. l'abbé Porte, avait été professeur du cher abbé Eugène, auquel il avait toujours gardé une particulière affection. Aussi ce fut une joie réciproque pour le maître et l'élève de se retrouver ensemble et une atténuation pour celui-ci à la peine si profonde qu'il ressentit toujours du départ de Mgr Lamarche qu'il affectionnait si profondément.

Bientôt M. Porte lui donna toute sa confiance. Les regrets si vifs de sa mort prématurée, la douleur si profonde qu'il en a ressentie montrent combien lui aussi avait su apprécier ce prêtre modèle, ce cœur si grand. Il en résumait, en un mot, l'éloge, « c'était le vrai prêtre, cela dit tout. »

Bien que sa santé ait été assez ébranlée en ces dernières

années, l'abbé Paulian paraissait devoir avec quelques ménagements fournir encore plusieurs années d'une vie si méritante. Mais il n'en prenait aucun : toujours infatigable, il ne voulut pas ralentir son ardeur pour le bien, malgré son état de malaise général.

Vers le milieu de novembre, son état s'aggrava visiblement. Mais, toujours dévoué aux autres et dur envers lui-même, il ne consentit pas encore, malgré les plus pressantes instances, à se soigner sérieusement : « Je connais mon devoir, disait-il, quand je ne pourrai plus le remplir je me retirerai, et si je suis malade je me soignerai. » Il ajoutait encore : « Si je meurs, que voulez-vous, il faut bien finir par là, un peu plus tôt, un peu plus tard ! » Pour lui, la vie véritable ne commençait qu'avec la mort. Cela ressort certainement de la recommandation écrite qu'il fit de ne pas mettre pour ses obsèques de tentures noires surtout à l'autel.

Le dimanche 23 novembre, il fit les publications d'une voix si indistincte, malgré tous ses efforts, que beaucoup de paroissiens le virent perdu. M. Porte l'engagea à rentrer, et lui dit finement : « L'abbé, si vous revenez ce soir aux vêpres, je vous fais chasser par le suisse. »

Il voulut encore, auparavant, aller pour la dernière fois, pensait-il peut-être (car on a su depuis qu'alors déjà il ne se faisait guère d'illusions sur la gravité de son état), porter sa parole et ses recommandations à ses chères enfants de la Persévérance.

A peine arrivé au catéchisme, les forces lui manquèrent, il dut s'appuyer contre les bancs et rentrer bientôt, ayant donné son dernier effort à son œuvre de prédilection.

Le 23 au soir, sa famille, qu'il n'avait pas fait prévenir
crainte de l'affliger, le trouva alité. Mais, homme de conscience
très grande, il trouva moyen de se faire permettre par le médecin de s'occuper encore chez lui de son service, ce qui
l'obligeait à rester levé une partie de la journée. Celui-ci, voyant
son zèle, n'avait pas cru assez à la gravité de son état, qui em-
pira le troisième jour. Le 28, il reçut la visite de son directeur,
le vénéré M. Icard, auquel il se confessa en pleine connaissance.
Au départ de celui-ci, entendant qu'on le retenait dans le cou-
loir : « Vous allez faire prendre un rhume à M. le Directeur ».
cria-t-il de son lit. Il pensait encore, et toujours, aux autres plus
qu'à lui-même.

L'abbé Paulian était alors si tranquille que peu d'instants
après, voyant l'émotion qui gagnait sa sœur, il lui disait d'une
voix triste et compatissante : « Tu pleures... ». et il voulait la
consoler ; puis lorsque celle-ci se raidissant contre la douleur
essayait de diminuer à ses yeux la gravité de son état, il répondait doucement : « Pourquoi me dis-tu cela... je n'ai pas peur
de la mort. »

Malgré de violents maux de tète qu'il éprouva dès le début de
la maladie et qui ne le quittèrent plus, il ne s'affranchit pas de
l'obligation de réciter son bréviaire. Le 27 au soir seulement,
sentant qu'il ne pouvait absolument plus le dire, il se décida à
en parler au médecin.

L'abbé Paulian, homme de grande conscience, craignait beaucoup de charger ses confrères de son travail. L'un d'eux, les
larmes aux yeux, disait : « Ce pauvre abbé, il a été jusqu'au
bout ; nous aurions pu prendre ces temps-ci un peu de son
ouvrage, il ne le voulait pas. Et pourtant parfois je lui disais :

« Allons, l'abbé, laissez-en un peu pour nous : après nous il en
« faudra encore pour d'autres. »

Plus préoccupé des siens que de lui-même, il ne pensait qu'à
leur recommander de ne point se fatiguer, et de se ménager afin
de se conserver à leur fille, sa nièce si chère : c'était chez lui
une préoccupation dominante pendant sa maladie.

Le 29, il reçut l'Extrême-Onction avec tant de présence d'esprit et priant avec tant de ferveur que ceux qui le voyaient ne
pouvaient croire que sa mort fût si prochaine.

Le lendemain dimanche, 30 novembre, fête de l'apôtre saint
André, il tomba en agonie vers midi. Sa fin fut digne de sa vie,
sanctifiée par la prière et la force chrétienne. Quelques minutes
avant, il disait son *Je crois en Dieu* avec une force de conviction
et de foi telle que sa voix en était transformée, ce qui donna
encore aux siens l'illusion que Dieu le conserverait à leur affection. Hélas ! le moment suprême approchait. Durant cette lutte
dernière, il leva, avec effort et par deux fois, son bras déjà
raidi, pour bénir encore les siens et leur dire un suprême adieu.

L'abbé Paulian avait fait à Dieu, dans son admirable testament spirituel, l'offrande de son agonie en union avec celle de
Notre-Seigneur. Il est à présumer qu'elle fut agréée, puisqu'il
eut la grâce de rendre le dernier soupir à trois heures de l'après-
midi après trois heures d'agonie, comme le fit remarquer un
de ses collègues.

Ses confrères présents, pour prouver leur affectueuse estime
à son égard, voulurent eux-mêmes l'ensevelir, avec des Frères
de la Sainte-Famille. Comme sa sœur en remerciait l'un deux :
« Ce que j'ai fait, dit-il, c'est par la grande vénération que j'avais
pour lui, il était notre modèle à tous. » Bientôt l'affluence de

personnes de tout rang près de son lit de mort prouva que ce sentiment n'était pas moins général chez les fidèles. Non seulement les paroissiens de Sainte-Marie, mais nombre de ceux qui l'avaient connu en d'autres paroisses, vinrent rendre leurs derniers devoirs à ce directeur si éclairé, à ce prêtre si dévoué et si charitable.

Des démonstrations touchantes eurent lieu particulièrement de la part de ses chères enfants de la Persévérance qui entourèrent sa couche funèbre, ne cessant de prier, de pleurer un Père disaient-elles, un Directeur qui ne serait jamais remplacé.

Que d'élans de reconnaissance, près de ce lit funèbre où reposait celui qui avait fait tant de bien et soulagé sans bruit tant d'infortunes de tous genres.

Nombreuses furent les personnes, venues prier près de son corps, qui déposèrent sur ses mains des chapelets, médailles, crucifix, témoignant par là qu'elles voyaient en lui déjà un élu de Dieu.

Le jour de ses funérailles, la moitié des personnes venues de toutes parts ne purent pénétrer dans l'église tant l'affluence était considérable. Dans ce grand concours de prêtres et de fidèles, on put juger aux larmes qu'on voyait couler, quels unanimes regrets cette perte laissait dans tant de cœurs qui avaient apprécié la valeur d'un tel prêtre ou ressenti ses bienfaits.

Mgr Lamarche, après avoir prié longuement près de lui, exprima le vif regret qu'il avait de n'avoir pas été appelé à temps pour voir son cher abbé Paulian pendant sa maladie, et il voulut donner une dernière marque de haute sympathie à son ancien premier vicaire en donnant lui-même l'absoute à ses funérailles.

L'abbé Paulian fut bon jusqu'après sa mort. Afin d'éviter à sa famille toute préoccupation à son sujet, il s'occupa dans son testament spirituel du cérémonial de ses funérailles, préparant lui-même les lettres de faire part, défendant catafalque et tentures noires à ses obsèques, distribuant par avance, à Sainte-Marie-des-Batignolles, aux Trois-Épis et à l'église de Turckheim, ses objets sacerdotaux, missels, boîtes de sacrement, calices, reliquaires, ornements, léguant sa bibliothèque à Saint-Sulpice ; et il terminait en demandant beaucoup de prières, surtout à ses confrères d'ordination.

Comme toutes les grandes et belles âmes, l'abbé Paulian avait l'amour de son pays natal. Chaque année il aimait à venir passer quelques semaines, dans sa chère Alsace, c'est aussi là qu'il voulut prendre son dernier repos. Son corps fut transporté à Turckheim, où de magnifiques obsèques lui furent faites par le clergé et les fidèles.

M. l'abbé Salzmann, ami dévoué du regretté défunt, fit revivre une dernière fois du haut de la chaire sa douce et pieuse figure. L'impression fut profonde et bien des larmes coulèrent à nouveau au récit de cette vie si simplement chrétienne et si profondément sacerdotale.

Dernier et touchant détail : l'abbé Paulian voulut s'employer au bonheur ou du moins à la consolation des siens, même au delà de la tombe : il les avait recommandés à l'affection de son ami l'abbé Salzmann, pour les années où désormais ils viendraient seuls en Alsace et il avait écrit à leur adresse ces lignes qu'on retrouva dans ses papiers : « Je crois que le bon Dieu nous fait la grâce de nous appeler au meilleur moment pour nous sous tous les rapports. Donc pour partir tranquille il faut me laisser cette espérance que vous penserez comme moi, ne vous désolerez pas, et vous vous soutiendrez en vous aimant beaucoup et en priant pour moi, qui, bien sûr ne vous oublierai pas, là-haut, en compagnie des chers nôtres. » Ces quelques mots nous révèlent tout entier ce cœur à la fois si dévoué aux siens et si rempli de l'amour des choses éternelles.

Pour nous résumer, l'abbé Paulian fut prêtre dans toute l'acception du mot ; sa piété et sa modestie étaient si grandes, qu'elles frappaient tous ceux qui l'approchaient. Fils modèle, il fut aussi un frère et un oncle d'une bonté au-dessus de toute expression, un ami dont la discrétion égalait le dévouement. Il était doué d'un cœur tendre, d'une sensibilité exquise, et son âme ferme et virile, héroïque même, était à la hauteur de tous les devoirs et de tous les dévouements.

Saint Tharcisius, sainte Blandine, sainte Geneviève et sainte Cécile, qu'il invoquait chaque jour, priez pour lui.

Paris· — Imp. Gustave Picquoin, 53, rue de Lille.